Bouesse Arafat NZABA M.

Le Cœur Écrit : Un Recueil de Poèmes d'Amour Intense

Bouesse Arafat NZABA M.

Le Cœur Écrit : Un Recueil de Poèmes d'Amour Intense

Éditions Muse

Imprint

Cover image: www.ingimage.com

Publisher:
Éditions Muse
is a trademark of
Dodo Books Indian Ocean Ltd. and OmniScriptum S.R.L publishing group

120 High Road, East Finchley, London, N2 9ED, United Kingdom
Str. Armeneasca 28/1, office 1, Chisinau MD-2012, Republic of Moldova, Europe
Printed at: see last page
ISBN: 978-620-4-96447-8

Le Cœur Écrit : Un Recueil de Poèmes d'Amour Intense

Par NZABA Arafat

Cher lecteur,

Il y a des livres qui nous touchent en plein cœur et qui résonnent en nous bien longtemps après que nous les ayons refermés. "Le Cœur Écrit : Un Recueil de Poèmes d'Amour Intense" est un de ces livres. Ce recueil de poèmes magnifiquement écrits capture l'intensité de l'amour, les tourments de la passion et les émotions complexes qui accompagnent chaque relation.

Chacun des poèmes du livre est comme une fenêtre ouverte sur l'âme humaine, offrant des aperçus profonds et émouvants de la manière dont l'amour peut nous transformer et nous inspirer. L'auteur explore des thèmes tels que l'espoir, le désir, la perte et le renouveau, avec une sensibilité et une profondeur qui touchent directement notre cœur.

Si vous cherchez un livre qui vous fera sentir vivant, qui vous inspirera et qui vous fera réfléchir sur votre propre expérience de l'amour, alors "Le Cœur Écrit : Un Recueil de Poèmes d'Amour Intense" est fait pour vous. Que vous soyez en train de tomber amoureux pour la première fois ou que vous ayez déjà connu la passion, ce livre est un voyage inoubliable qui vous laissera ému et inspiré.

Alors plongez dans les pages de ce livre et laissez-vous emporter par les mots doux et poignants de l'auteur. Nous sommes convaincus que vous en ressortirez avec une nouvelle appréciation de l'amour et de la beauté de la poésie.

Bien à vous,

NZABA Arafat dit kharYsma

1-Le silence de la nuit

Le silence de la nuit est doux et apaisant,
Les étoiles scintillent, le ciel est fascinant.
Les ombres dansent au rythme du vent,
Et les rues désertes s'étendent, silencieusement.

Dans l'obscurité, la ville est endormie,
Les lumières sont éteintes, les gens sont partis.
Seuls les sons lointains de la nature sont entendus,
Les grillons, les chouettes, les chats égarés.

C'est un moment de paix, un moment de calme,
Où l'on peut oublier nos soucis et nos drames.
C'est un temps pour réfléchir, pour se reposer,
Pour apprécier la beauté de la nuit étoilée.

Le silence de la nuit est un trésor rare,
Que peu de gens savent vraiment apprécier.
Mais pour ceux qui le connaissent, c'est un cadeau,
Un moment de sérénité, de joie et de repos.

Alors, fermez les yeux et écoutez le silence,

Sentez la brise fraîche, ressentez la présence.

Dans la nuit calme et tranquille, vous trouverez la paix,

Et la promesse d'un nouveau jour, qui sera bientôt réveillé.

2-L'Amour Éternel

L'amour est une fleur qui éclot dans nos cœurs,
Et qui, une fois éclos, ne meurt jamais vraiment.
Il grandit avec le temps, et se renforce avec l'âge,
Et malgré les épreuves, il reste toujours le même.

Il est comme un oiseau qui vole haut dans le ciel,
Et qui chante une mélodie douce et éternelle.
Il apporte la joie, la paix et la sérénité,
Et nous transporte dans un monde de félicité.

L'amour est comme un rayon de soleil qui brille,
Et qui illumine nos vies de son éclat subtil.
Il réchauffe nos cœurs, et nous donne de l'espoir,
Et nous encourage à continuer d'y croire.

Il est un cadeau divin, un trésor de l'existence,
Qui nous relie les uns aux autres, dans une danse.
Il transcende les frontières, les barrières, les limites,
Et unit les cœurs, pour l'éternité qui se présente.

Alors, ne laissons jamais l'amour s'éteindre,
Et cultivons-le chaque jour, pour qu'il puisse grandir.
Soyons des porteurs de lumière, des messagers de paix,
Et aimons-nous les uns les autres, sans jamais cesser.

3-Les couleurs de la vie

La vie est comme un arc-en-ciel,
Aux couleurs éclatantes et merveilleuses.
Chaque nuance nous révèle
Une facette de ce monde somptueux.

Le rouge passion nous enflamme,
Nous donne la force de combattre et d'aimer.
Le vert nous apaise et nous réclame
La paix et la sérénité à retrouver.

Le jaune nous éclaire et nous enchante,
Nous donne l'énergie de poursuivre notre chemin.
Le bleu nous invite à rêver et à contempler,
L'infini des cieux, la beauté du destin.

L'orange nous réchauffe et nous rassemble,
Nous donne la joie de vivre et de partager.
Le violet nous inspire et nous enseigne,
La sagesse et l'harmonie à cultiver.

Chaque couleur est une invitation
À découvrir la richesse de la vie.
Elles sont autant de révélations
De la beauté qui nous entoure et nous nourrit.

Alors, ouvrez grand les yeux et le cœur,
Laissez-vous enivrer par la magie des couleurs.
La vie est une palette à explorer,
Et chaque jour nous offre de nouveaux trésors à admirer.

4-Le chant de la nature

La nature chante à travers les arbres,
Le murmure des ruisseaux, le cri des oiseaux,
Le doux frisson du vent qui s'élève,
Et le parfum suave de l'herbe fraîche.

Dans ce chant, on entend la vie,
La force de l'existence qui jaillit,
Les merveilles cachées dans chaque recoin,
Les secrets de l'univers qui s'épanouissent.

Dans les vagues de la mer qui se brisent,
Dans les éclats de lumière qui illuminent,
Dans les nuages qui dansent dans le ciel,
La nature révèle sa beauté éternelle.

Elle nous rappelle que tout est lié,
Que nous sommes une partie de son destin,
Que notre devoir est de la protéger,
Et de chérir sa magnificence sans fin.

Alors, écoutons le chant de la nature,

Laissons-nous emporter par sa musique pure,

Et prenons soin de ce monde qui nous entoure,

Pour qu'il puisse continuer à nous émerveiller tous les jours.

5- Le jardin des rêves

Dans le jardin de mes rêves,

Les fleurs poussent en abondance.

Leurs pétales doux et soyeux

Sont un spectacle pour les sens.

Leurs couleurs chatoyantes

Captivent l'œil émerveillé,

Et leur parfum délicat

Embaume l'air avec grâce.

Je me promène dans ce paradis

Et m'émerveille de sa beauté,

Laissant derrière moi le stress

Et les soucis du monde réel.

Dans le jardin de mes rêves,

Je suis libre et heureux,

Et je sais que tant que j'y suis,

Je suis en paix avec moi-même.

Que ce poème apporte la sérénité et l'inspiration à tous ceux qui le lisent.

6- L'envol des papillons

Les papillons prennent leur envol,

Dans une danse gracieuse et légère,

Leurs ailes chatoyantes volent,

Vers un ciel d'un bleu clair.

7- La lumière du soleil

Le soleil brille dans le ciel,
Répandant sa lumière sur terre,
Ses rayons chauds et doux
Apportent la vie et la chaleur.

8- L'étreinte de la mer

Les vagues s'écrasent sur le rivage,

Dans une étreinte puissante et passionnée,

Leur bruit apaisant nous rappelle sans ombrage,

Que la mer est notre amie pour l'éternité.

9- Le murmure des feuilles

Les feuilles dansent dans la brise,
Dans un murmure doux et apaisant,
Leur présence tranquille et réconfortante
Nous rappelle que la nature est vivante.

10- Le chant des oiseaux

Les oiseaux chantent leur mélodie,

Dans une symphonie de sons harmonieux,

Leur chant doux et joyeux

Égaye notre cœur et notre esprit.

11- Le mystère de la nuit

La nuit enveloppe la terre,

Dans un voile sombre, mystérieux et austère,

Le ciel est une toile noire constellée,

D'étoiles qui brillent de tout leur feu.

12-Le parfum de la rose

La rose émet son doux parfum,

Dans l'air frais du matin,

Son odeur sucrée et envoûtante

Nous transporte dans un monde sans fin.

13- La beauté de l'automne

L'automne apporte sa palette de couleurs,

Dans une symphonie de tons chauds et riches,

Les feuilles d'or et rouge vif de fraicheur,

Nous émerveillent de leur beauté.

14- Le silence de la neige

La neige tombe silencieusement,
Dans un doux murmure de flocons blancs,
Son silence apaisant et tranquille
Apporte une paix qui nous manque souvent.

15- Le souffle du vent

Le vent souffle doucement,
Dans une brise légère et discrète,
Sa présence apaisante et sereine
Nous rappelle que la vie est une aventure incomplète.

16- L'horizon infini

L'horizon s'étend à perte de vue,
Dans une mer infinie de couleurs,
Le ciel se fond dans l'océan bleu,
Et les nuages deviennent les acteurs.

17- La cascade éternelle

La cascade tombe en cascade,
Dans une chute éternelle et gracieuse,
Ses eaux s'écoulent en douceur,
Dans une danse céleste et harmonieuse.

18 "La forêt endormie"

La forêt est endormie,
Dans un silence profond et serein,
Les arbres se tiennent immobiles,
Comme des gardiens de la vie.

19 "Le chant de la mer"

La mer chante sa chanson douce,
Dans une symphonie de sons et de couleurs,
Ses vagues calmes et apaisantes,
Nous rappellent que la vie est un cadeau précieux.

20 "Le crépuscule magique"

Le crépuscule s'installe en douceur,
Dans une lumière dorée et de noirceur,
Le ciel se teinte de tons chauds et profonds,
Nous offrant un spectacle divin et mystique.

21-"Le souffle de la vie"

Le souffle de la vie est comme une brise,
Il caresse notre visage doucement,
Nous rappelant que chaque instant est une surprise,
Et que l'avenir est un présent constant.

22"La rose épanouie"

La rose s'épanouit dans sa beauté,

Dans une symphonie de couleurs et de parfums,

Ses pétales doux et veloutés,

Nous emporte dans un monde sans fin.

23 "La danse des étoiles"

Les étoiles dansent dans le ciel,
Dans une chorégraphie gracieuse et éternelle,
Leur lumière nous guide vers un avenir radieux,
Nous offrant un spectacle divin et merveilleux.

24 "Le voyageur solitaire"

Le voyageur solitaire marche sur sa route,

Dans un monde rempli de mystère et de beauté,

Il arpente les chemins de l'inconnu,

À la recherche de sa propre destinée.

25 "The Wildflower"

A wildflower grows in fields untamed,
Its petals delicate and bright,
Unafraid of the storm's cruel game,
It stands tall, full of life and light.

It dances in the gentle breeze,
A joyous smile upon its face,
It whispers secrets to the trees,
As it moves with effortless grace.

The wildflower is a reminder,
Of the beauty found in freedom's hold,
Of the resilience that lies within us,
As we brave life's harsh and bitter cold.

26 "The Ocean's Lullaby"

The ocean sings its lullaby,
In a soft and soothing tone,
Its waves ebb and flow with a gentle sigh,
As it rocks the boats to and fro.

The seagulls join in with their cries,
As the sun sets on the horizon's line,
The ocean's melody carries them high,
As they take flight on wings divine.

The ocean's lullaby is a balm,
For weary souls who seek its peace,
Its rhythm a reminder of a calm,
That in the midst of chaos we can release.

27 - "Le Chant de la Nature"

Au cœur de la nature sauvage,
Les arbres dansent sous le vent,
La rivière murmure son message,
Et les oiseaux chantent divinement.

Le soleil illumine ce tableau,
De sa lumière éclatante et chaude,
La nature est un poème nouveau,
Qui nous offre un monde sans fautes.

Le chant de la nature est une symphonie,
Un hymne à la vie, à l'amour, à l'espoir,
Une invitation à la magie,
Un appel à s'émerveiller chaque soir.

28- "Les Étoiles Brillantes"

Les étoiles brillent dans le ciel,
Telles des diamants étincelants,
Leurs lumières sont un appel,
Un appel à rêver et à sentir le vent.

Les étoiles dansent dans la nuit,
Au rythme d'une musique mystique,
Leurs rayons nous offrent un répit,
Un répit dans un monde chaotique.

Les étoiles brillantes sont une merveille,
Un spectacle offert par la nature,
Une toile qui invite à la merveille,
Un poème qui célèbre la pureté pure.

29- "Le Chant du Vent"

Le vent chante un air si doux,
À travers les arbres et les champs il court,
Sifflant avec des pieds agiles,
Emportant avec lui les secrets du monde.

Le vent peut être un ami ou un ennemi,
Dévastant tout sur son passage,
Ou apportant des fleurs pour nous chérir,
Nous offrant la paix et le bonheur en partage.

Le chant du vent est une symphonie,
Un poème à la vie, à l'amour, à l'espoir,
Nous rappelant que la nature est unie,
Et que la beauté peut être trouvée dans chaque soir.
Le vent chante une chanson si douce,
À travers les arbres et les champs il va,
Sifflant avec des pieds agiles,
Emportant avec lui les secrets de l'histoire.

Il murmure des mots à nos oreilles,
Des mots que seul le vent connaît,

Des mots qui portent des promesses de merveilles,
Des mots qui nous laissent sans voix.

Le chant du vent est un poème,
Un hymne à la liberté et à la vie,
Une ode à la nature et à son rythme,
Un écho du passé qui nous lie

30- "Le Jardin Secret"

Dans mon jardin secret, je me promène,
À travers les allées bordées de roses,
Un endroit où je me sens à l'aise,
Un refuge contre toutes les choses.

Les papillons virevoltent tout autour,
Les oiseaux chantent leur douce mélodie,
Le parfum des fleurs m'enveloppe dans son amour,
C'est un havre de paix, une douce folie.

Dans mon jardin secret, je suis libre,
Libre d'être moi-même, sans aucun jugement,
Un endroit où je peux être en harmonie,
Un sanctuaire où je me sens bien à tout moment.

31- "La Danse des Étoiles"

La nuit est tombée et le ciel s'illumine,
Les étoiles brillent comme des diamants,
Elles dansent et scintillent avec finesse divine,
C'est un spectacle enchanteur, envoûtant.

La lune éclaire doucement la scène,
Les étoiles brillent avec tant de grâce,
C'est un monde différent que la nuit amène,
Un monde mystérieux, qui nous déplace.

La danse des étoiles est un poème,
Un hymne à la beauté, à la magie,
Elle invite à la contemplation, à l'émerveillement,
Un spectacle dont on ne se lasse jamais.

32- "Le Temps qui Passe"

Le temps qui passe est un mystère,
Un univers sans fin, un horizon lointain,
Il peut être cruel, comme un vent qui tempête,
Ou doux, comme un amour éternel.

Le temps qui passe est un ami fidèle,
Nous offrant des souvenirs précieux,
Mais il peut aussi être un ennemi mortel,
Effaçant tout ce qui était autrefois si beau.

Le temps qui passe est une symphonie,
Un poème à la vie, à l'amour, à la mort,
Il nous rappelle que tout est éphémère,
Et que chaque moment doit être chéri à son fort.

33- "Le Silence de la Forêt"

Dans la forêt, le silence règne en maître,
Seules les feuilles qui tombent, les oiseaux qui chantent,
Et le bruit des pas qui écrasent les herbes,
Sont des signes que la nature est vivante.

Le silence de la forêt est un poème,
Un hymne à la paix, à la sérénité,
Il invite à la méditation, à la réflexion,
Un endroit où l'on peut trouver la liberté.

Dans la forêt, tout semble si différent,
Les arbres se dressent comme des sentinelles.

34- "Les Feuilles d'Automne"

Les feuilles d'automne tombent en tourbillonnant,
Un tapis de couleurs chaudes sous nos pieds,
Elles dansent dans le vent en chantonnant,
Un spectacle divin pour nos yeux émerveillés.

Les feuilles d'automne sont des artistes,
Des peintres qui jouent avec les couleurs,
Des musiciens qui chantent leurs tristesses,
Des poètes qui racontent leurs heures.

Elles nous rappellent que la vie est éphémère,
Que tout change et se transforme avec le temps,
Mais que chaque saison apporte sa lumière,
Et que chaque instant est précieux et éblouissant.

35- "La Magie de la Mer"

La mer est un océan de magie,
Un monde mystérieux et infini,
Elle chante avec sa voix rauque et claire,
Et nous emporte dans ses vagues légères.

Ses couleurs sont un tableau en mouvement,
Des teintes qui changent au gré des heures,
Des nuances qui créent un enchantement,
Un spectacle sublime pour nos cœurs.

La mer est un lieu de rêves et d'aventures,
Où les sirènes chantent des mélodies divines,
Où les pirates cherchent des trésors perdus,
Et où les pêcheurs ramènent des prises marines.

La magie de la mer est un émerveillement,
Un voyage dans un monde de mystère,
Un poème qui célèbre la nature,
Et qui nous rappelle la beauté de l'univers.

36- "Les Étoiles du Ciel"

Les étoiles brillent dans le ciel,
Comme des diamants étincelants,
Leurs lumières sont un appel,
Un appel à rêver et à se sentir grand.

Les étoiles dansent dans la nuit,
Au rythme d'une symphonie,
Leurs lueurs nous offrent un répit,
Un répit dans un monde fragile.

Les étoiles du ciel sont une merveille,
Un spectacle offert par la nature,
Une toile qui invite à la merveille,
Un poème qui célèbre la pureté pure.

Elles nous rappellent que nous sommes petits,
Dans un univers si grand et si infini,
Mais que notre existence a un sens,
Et que chaque instant est un cadeau divin.

38 "La Beauté de l'Hiver"

L'hiver est une saison magique,
Une période de tranquillité et de calme,
La neige recouvre le monde d'un voile féerique,
Et la nature se transforme en une œuvre d'art sans égal.
L'hiver a sa beauté, unique et captivante,
Qui éblouit nos yeux de neige étincelante,
Les paysages revêtent leur manteau immaculé,
Et tout devient calme, silencieux, apaisé.

Les arbres dénudés laissent voir leurs ramures,
Dessinant des tableaux d'une pureté pure,
Les flocons de neige tombent lentement du ciel,
Transformant la nature en un lieu irréel.

Les montagnes se dressent fières et majestueuses,
Dans leur blancheur éclatante, lumineuses,
La glace recouvre les lacs et les rivières,
Les patineurs glissent sur leur surface légère.

L'hiver est un temps de contemplation,
Où la beauté de la nature offre une méditation,

Un moment de paix, de sérénité,
Où l'on peut se ressourcer en toute simplicité.

Et lorsque l'hiver laisse place au printemps,
On garde en nous sa beauté, son enchantement,
Et on sait qu'il reviendra chaque année,
Pour nous offrir sa beauté blanche et illuminée.

39- Le temps qui passe"

Le temps qui passe est un doux mystère,

Qui nous emporte au fil de la vie entière,

Il est un souffle qui nous anime,

Et nous entraîne dans un tourbillon d'émotions infinies.

Il est un ami qui nous accompagne,

Toujours présent, même dans la peine,

Il nous apprend la patience, la sagesse,

Et nous offre des instants de tendresse.

Le temps qui passe est un trésor précieux,

Qu'il faut savoir savourer à chaque instant heureux,

Il est une bénédiction qui nous est donnée,

Pour avancer sur le chemin de notre destinée.

Le temps qui passe est un don de l'univers,

Un présent qu'il nous offre sans réserve,

Alors profitons-en, vivons chaque jour intensément,

Et gardons-en nous la beauté de ces moments.

40- "La beauté de la nuit"

La nuit a une beauté mystérieuse,
Qui nous enveloppe d'une aura lumineuse,
Elle efface les contours, les frontières,
Et nous transporte dans un monde éphémère.

Le ciel se pare de mille étoiles,
Qui scintillent dans l'obscurité sans voile,
La lune veille sur nos rêves,
Et nous invite à contempler la trêve.

Les ombres se dessinent en silence,
Et la nature se met en veilleuse sans offense,
Les étoiles filantes traversent le ciel,
Et illuminent nos pensées comme des étincelles.

La nuit est un moment de paix, de quiétude,
Un temps de repos pour notre solitude,
Elle nous apporte la sérénité,
Et nous plonge dans une douceur inégalée.

Alors, contemplons la beauté de la nuit,
Et laissons-nous envahir par ce doux bruit,
De la nature qui se repose avec tendresse,
Pour mieux nous offrir sa beauté sans cesse.

41-"Le temps qui passe 2"

Le temps qui passe tel un doux mystère,
Qui nous emporte au fil de la vie entière,
Est un souffle qui nous anime,
Et nous entraîne dans un tourbillon d'émotions à l'infinie.

Il est un ami qui nous accompagne,
Toujours présent, même dans la peine,
Il nous apprend la patience, la sagesse,
Et nous offre des instants de tendresse.

Le temps qui passe est un trésor précieux,
Qu'il faut savoir savourer à chaque instant heureux,
Il est une bénédiction qui nous est donnée,
Pour avancer sur le chemin de notre destinée.

Le temps qui passe est un don de l'univers,
Un présent qu'il nous offre sans réserve,
Alors profitons-en, vivons chaque jour intensément,
Tel une poésie qui nous berce de ses vers.

42- "Le Temps qui Passe 3"

Le temps qui passe, inexorablement,
Emporte avec lui nos rires et nos pleurs,
Il efface les traces de nos souvenirs,
Et nous laisse seuls face à notre avenir.

Mais il n'est pas qu'un ennemi redoutable,
Il nous offre aussi des moments inoubliables,
Des instants de joie, de bonheur intense,
Que l'on garde en nous, tel un trésor immense.

Le temps qui passe, c'est aussi la vie qui avance,
Des étapes à franchir, des défis à relever,
Des rencontres qui éclairent notre chemin,
Des choix à faire, qui dessinent notre destin.

Alors apprenons à savourer chaque instant,
A goûter la beauté de chaque moment présent,
A construire notre vie avec force et courage,
Et à affronter le temps qui passe sans aucune rage.

43 "La Douceur de l'Aube"

Au creux de l'aube naissante,
Dans un silence doux et apaisant,
Se dessine la beauté du monde,
Dans un tableau éblouissant.

Les oiseaux s'éveillent doucement,
Et chantent leur hymne à la vie,
Les premiers rayons du soleil,
Colorent le ciel d'une lueur embellie.

Tout est calme, tout est sérénité,
Dans cet instant magique de pureté,
Le temps suspend son vol,
Pour nous laisser goûter à cette douceur.

Ainsi, laissons-nous porter par ce moment,
Et savourons la beauté de chaque instant,
Car chaque aube est une promesse de renouveau,
Et chaque jour est une chance de vivre au plus beau.

44-"Le Jardin de l'Amour"

Au creux d'un jardin, je me suis perdu,
Parmi les fleurs et les feuilles, j'ai vu
Une beauté qui m'a envoûté,
Et j'ai su que je devais m'arrêter.

Je me suis approché de cette fleur,
Qui m'a semblé avoir un grand pouvoir,
Et j'ai découvert dans son cœur,
Une source d'amour qui m'a fait vibrer.

Le jardin a pris vie sous mes yeux,
Les couleurs et les parfums se sont mêlés,
Pour créer un tableau merveilleux,
Un endroit où l'amour est roi, où tout est paisible.

Je suis resté là un moment,
A contempler cette beauté qui m'envoûtait,
Et j'ai compris que dans ce jardin de l'amour,
Je pouvais trouver la paix, l'harmonie et le bonheur.

45- "Le Voyage du Soleil"

Le soleil voyage à travers le ciel,
Illuminant tout ce qui se trouve sur son chemin,
Chassant les ténèbres, apportant la lumière,
Réchauffant les cœurs, faisant fondre les glaces.

Il suit un chemin tracé depuis des siècles,
Guidé par les astres et les étoiles,
Il ne connaît ni le doute, ni la crainte,
Il suit sa trajectoire avec une constante.

Les paysages se transforment sous son regard,
Les couleurs se réveillent, les ombres s'allongent,
Le temps suit son cours, la vie s'écoule,
Sous l'œil attentif de ce voyageur éternel.

Le soleil est une source de vie,
Un symbole de force et de courage,
Il nous rappelle que chaque jour est une chance,
De briller, de rayonner, de partager notre lumière.

46-Le Coucher de Soleil

Le soleil descend lentement à l'horizon,
Emportant avec lui les couleurs du jour.
Le ciel se teinte de nuances d'orange et d'or,
Alors que la nuit s'approche, l'heure où l'homme s'endort.

Les oiseaux rentrent dans leurs nids,
Les étoiles apparaissent dans le ciel.
Le silence se répand lentement,
Alors que la nature se prépare pour la nuit.

Je reste là, admirant le coucher de soleil,
Sentant le calme et la paix m'envahir.
Je me souviens des moments heureux de la journée,
Et je suis reconnaissant pour ce moment de grâce.

Le coucher de soleil est un rappel
Que chaque jour peut être beau et nouveau.
Il nous enseigne à apprécier les moments simples,
Et à savourer la beauté de la vie.

Printed by Books on Demand GmbH, Norderstedt / Germany